PRÉVENTIONS

CONTRE

LA DISPOSITION

DE

NOS MOYENS DE CRÉDIT.

Nous avons un bon moulin, n'allons pas
nous laisser prendre sous la meule.

PRIX : 6 SOLS *pour les Pauvres.*

A PARIS,

DE L'IMPRIMERIE DE CUSSAC,

RUE MONTMARTRE, N°. 30, VIS-A-VIS CELLE DU JOUR.

Se trouve chez les Marchands de Nouveautés.

1817.

PRÉVENTIONS

CONTRE

LA DISPOSITION

DE

NOS MOYENS DE CRÉDIT.

On a dit à la Chambre des Députés, que le Roi refuserait même les capitaux offerts par ses sujets. Cela n'est pas vraisemblable, et doit être remarqué. L'emprunt est une branche de commerce certaine, qui présente neuf ou dix pour cent, et les capitaux du commerce et ceux de l'escompte restés oisifs par la stagnation des affaires, utilisés dans l'emprunt, ne pourraient être qu'agréable au Roi, en même tems que ce placement serait avantageux pour ses sujets.

On a dit à la Chambre des Députés : la France est occupée sur ses frontières par l'armée alliée qui gêne une négociation dans ces départemens. On en perçoit pas moins les impôts : le commerce et l'industrie au lieu de s'appauvrir par une armée qui paye, et par des officiers riches qui dépensent, s'enrichissent : et comme nous ne nous adressons qu'à ceux qui peuvent fournir leurs parts dans l'emprunt, il y a dans ces pays possibilité, alors plus qu'ailleurs, d'obtenir des capitaux.

On a dit à la Chambre des Députés que l'emprunt en France détruirait notre agriculture et nos moyens industriels. L'agriculture ne s'enrichissant que de ses produits, le renchérissement des grains la sans doute bien dédommagé d'une mauvaise année, la consommation ne pouvant se restreindre, et le laboureur cherchant toujours à acquérir des champs, n'ont pas besoin des capitaux que nous demandons, et l'industrie est toujours avide de faire fructifier les siens. Je dis plus, la France, arrivée au point de possession entière de ses richesses territoriales, a besoin d'emprunts qu'on rembourse, pour augmenter des revenus que le défaut de commerce refuse dans ce moment, et pour le repos de ceux qui s'en retirent.

On a dit à la Chambre des Députés, que les Français ne voudraient pas être solidaires de l'emprunt. C'est comme si on disait qu'un particulier refuserait d'endosser un billet, mais encore un billet des plus solide, pour le passer comme numéraire en en recevant la valeur.

On a présenté adroitement à la Chambre des Députés, par année, l'aperçu de ce qu'on demande au peuple par la division d'un septième, remboursable par l'amortissement, composé des intérêts que nous payons encore, pour ne pas l'effrayer ; mais il n'en résulte pas moins, d'après les calculs, qu'on a réduit le plus possible un forcement de trente pour cent, qui, d'après les vrais calculs, sera porté en dernier résultat à plus de cinquante pour cent, qui iront, avec des intérêts et des commissions énormes, s'engloutir dans les coffres des traitans étrangers et de leurs auxiliaires, et ces richesses tourneront contre nous.

On a dit à la Chambre des Députés que si le marché avec les Maisons étrangères était rompu, la rente baisserait au-dessous de cinquante pour cent. Cela est vrai, en suivant l'ancienne routine que le ministre accueille aujourd'hui, et dont les résultats seraient inévitables, si la rente ne devait prendre un essor opposé par le nouveau système que les étrangers exploiteront à leur profit, et qui devrait être dirigé par le ministre ou par une compagnie de banquiers nationaux intéressée à la prospérité de la France, et non par des Français industriant sous l'influence d'une compagnie étrangère, et j'affirme par mon expérience que la rente serait portée en moins de six mois au prix de quatre vingt francs, et qu'on serait maître du marché de la place. C'était bien assez d'engager dix millions de rentes aux maisons Baring et Hope, qui trouvait dans cette opération environ dix pour cent ; mais il fallait conserver l'avantage de vendre ces rentes à notre profit, pour les rembourser ou les faire rembourser par d'autres prêteurs à de meilleures conditions : *il fallait placer ces acheteurs sous l'influence de notre système, et non le placer dans leurs mains pour nous y soumettre, et ne pas les enrichir de tous les résultats de notre amortissement largement doté, et qui le serait encore davantage si on les en avait crus* (1).

---

(1) Avec de tels moyens d'amortissement, il fallait faire payer cet avantage, et nos rentes ne devaient pas être données aux étrangers à moins de 70 francs, puisque par l'action de notre nouveau système dont on les mets en position de profiter, le cours doit s'élever par la seule force de ces moyens au-dessus de 80 francs. C'est donc une lésion de 40 millions pour la France sur une opération de 10 millions de rentes, et un profit assuré sur notre industrie de 60 millions pour les étrangers, indépendamment de dix pour cent d'intérêts que nous payons, et ils travaillent encore à obtenir la différence des rachats intermédiaires sur la place que l'amortissement doit encore payer. Tout le monde sait qu'une maison

On a pressentis enfin les membres de la Chambre des Députés, après leur avoir démontré des impossibilités factices, et qui n'avaient rien à répondre, puisqu'ils ne sont que des organes moraux sur l'emprunt dans les départemens; mais qu'on s'adresse aux organnes physiques, aux Chambres de Commerce, il n'y en a pas une

---

intéressée dans l'emprunt, achète nos rentes pour les Anglais, c'est du grain accaparé pour le moulin de l'amortissement.

Mais, a-t-on dit, on ne pouvait vendre ces rentes sur la place qu'au-dessous de 50 francs, alors pourquoi nous parler d'un nouveau système pour retourner à l'ancienne routine? et s'il fallait acheter aussi ces rentes, on ne les trouveraient pas au prix de 80 francs. Tout est égal, hors nos moyens d'amortissement augmentés de tout le crédit qui viennent fortifier la hausse.

La supériorité de notre système est établie par ces faits; les obligations en ne nous chargeant que des intérêts, déterrioraient notre crédit, l'engagement de nos rentes même par des tiers étrangers qui peuvent obtenir sur notre industrie 40 ou 50 pour cent en outre des intérêts que nous leur payons, n'empêchera pas l'effet de monter et d'atteindre sa valeur au pair, ainsi ils nous ont acheté à 55 francs, ils pourront acheter à 60, à 65, 70 et s'assurer par la hausse progressive le même bénéfice sur leurs opérations; mais pourquoi ne gardons-nous pas ces avantages, qui ne peuvent être remplis que par la sueur du peuple, pour nous? 300 millions d'intérêts et 500 millions le gain sur nos fonds sont cependant de la plus haute importance pour le commerce et l'industrie.

seule qui n'assurera la possibilité d'obtenir quinze cent mille francs par Département. Des Départemens qui jouissent de vingt millions de revenus ne pourraient pas s'accommoder de cent trente mille livres de rente au cours de soixante francs, pour être remboursé par douzième, renouvelable en trois ans à ce prix, c'est-à-dire, d'environ quatre-vingt mille francs de rentes au pair. Les emprunts même, dont on était pas sûrs d'être remboursés, ont toujours été remplis dans les Départemens. Je le dis, sans exagérer, un, ou trois particuliers pourraient et se chargeraient de cette somme au besoin, qui présente par mois, onze mille fr. de rente, pour fournir cent vingt-cinq mille francs au trésor, lesquels étant rendus à la circulation nous offrent, chaque fois prise, pour continuer l'emprunt, de manière que le même écu peut rentrer et ressortir douze fois des caisses par an (1) ; Paris, avec la Banque de France peuvent s'arranger de cinq millions de rentes, pour prêter soixante millions, et l'amortissement avec le remboursement de l'arriéré

(1) Ce qui est le plus facile nous le faisons pas, parce que l'erreur, l'inexpérience, l'intérêt particulier, ou la mauvaise foi, précipite, détourne, ou arrête la marche naturelle des choses. Buonaparte eut pris la fuite au seul aspect de la maison du Roi, si on eut fait évacuer notre armée sur la Belgique pour la réunir à celles alliées.

des caisses, qui tombe naturellement dans le classement de cinq millions de rentes, encore pour soixante millions, il resterait donc au ministre, pour parfaire le Budjet, environ quatre millions de rente ; et sans appeler encore les secours de l'étranger, elles trouveraient avec ce qui resterait leur écoulement par la force du crédit bien organisé, et il est évident qu'avec la rapidité du mouvement des caisses qui rendraient à la circulation le numéraire de l'emprunt et de l'impôt sur-le-champ, moins 130 millions qui sortent de France, mais qui trouvent, en quelque sorte, leur compensation dans les dépenses extraordinaires d'une armée étrangère, et des étrangers eux-mêmes, qui refluent sur la France, il est évident qu'on trouverait encore plus facilement à continuer l'emprunt indéfinitivement sur le même pied, puis qu'on trouverait toujours la même masse de numéraire, de nouveaux prêteurs et des ressources nouvelles dans nos productions et dans nos denrées, sur lesquelles les emprunts s'absorbent, et que toutes ces ressources seraient augmentées de la confiance nationale. (1)

---

(1) Un ministre, dont l'âme est expansive, a voulu toucher cette corde à la séance du 5 février, il n'a éprouvé que des murmures. M. le marquis de Causans, à la séance de la veille, a marqué de funestes pressentimens

Ainsi on emprunterait, par garantie de nos rentes, sur 30 millions, 360 millions, et par la manœuvre de ces rentes, en ne les écoulants qu'à fur et mesure de leur classement et de leur amortissement ; on aurait reçu au moins, si on ne voulait pas plus, 480 millions. Nous aurions donc une offre d'abord de plus de 60 millions sur le marché du Ministre, et en reste, à fin de compte, 180 millions seulement sur ce premier emprunt, et notre crédit serait assis chez nous, pour jamais, sur des bases stables et dans des conséquences progressives, et plus de 200 millions seraient venus, au lieu de passer à l'étranger, en sept ans, ranimer notre commerce et notre industrie, lorsqu'en résultat, sur 90 millions de rentes qui nous auraient produit 1440 millions, nous ne recevons tout au plus que 900 millions ; ce qui nous fait une perte volontaire de 540 millions qui passent à l'étranger, ou dans les mains de spéculateurs avides, et par conséquent sans utilité pour l'avenir, avec plus de 300 millions d'intérêt. Quelle belle idée d'aller nous rendre tributaires de l'étranger, qui

---

contre la disposition de nos moyens de crédit. M. Duvergier d'Auran, qui avait annoncé qu'il prouverait que nous aurions de nos rentes une somme plus forte que celle qui nous serait prêtée pour l'acquitter, a gardé le silence dans la discussion.

donnéra la préférence à ses compatriotes dans le placement de nos fonds, et de leur faire exploiter sur nos fortunes et sur notre industrie, la plus importante branche de commerce après lequel nous soupirons pour réparer nos désastres ! de nous placer après une libération que nous pouvons faire, en utilisant nos propres moyens, dans la position de payer encore à ces étrangers 800 millions !

Je ne parle pas de la partie accessoire, qui rendra par le jeu, sur la place, plusieurs céntaines de millions aux traitans de l'emprunt, qui auront les moyens de tout gouverner, en attendant la réalisation de leur opération, au prix qui leur conviendra, et de l'influence, en tems opportun, que doit leur donner ces moyens, pour réaliser au plus bas prix les autres marchés que nous devons passer avec eux, et qui entraîneront la ruine de la France. Les mouvemens se présentent naturellement. On donnera beaucoup d'occupation au trésor : nos rentes seront engagées à des tiers prêteurs et les traitans de notre emprunt s'assureront, sans même être obligé de délier leur bourse, un profit immense aux dépens de notre pauvre France !.....

Combien on eût été flatté, au contraire, d'entendre dire à Monsieur le Comte Corvetto, qui en avait les moyens, la première conséquence de notre nouveau système d'emprunt et de crédit, a été de produire une offre de plus de 60 millions sur le système des anciens moyens de négociation qui nous aurait conduit à notre ruine (qu'il emploie cependant), et de nous donner, en dernier résultat, le double encore de cette somme sur un emprunt de 30 millions de rentes, augmentés du bénéfice des rachats intermédiaires ; de telle sorte, qu'indépendemment de ce dernier avantage, il pourra nous rentrer pour nos 30 millions de rentes 480 millions pour en rembourser 360 qu'on nous prête en France à présent, et nous éprouvons la joie de répandre sur le commerce et sur l'industrie, en les développant par une conséquence de ce système, qui doit s'introduire de lui-même par la raison que chacun, dans le rapport de sa fortune, en retirera avantage, des intérêts, qui, comme une pluie d'or, les fertiliseront. Ce n'est pas tout, le sort des finances est fixé pour l'avenir, nous n'aurons plus recours à ces négociations sur la place qui déterrioraient chaque fois notre crédit, et l'embarras dans les payemens ne sera plus une cause d'inquiétude. 40 ou 50 mille livres de rentes assignées sur chaque département, nous produiront à l'instant 80 ou 100 millions, et l'amortissement et le crédit qui en résultera, nous libéreront toujours avec profit par nos ventes à propos sur la place. Comme on eût été plus satisfait, que d'entendre dire séchement, que notre opération était un mal nécessaire sans adoucissement.

Eh! c'est à la vue du port qu'a indiqué un Fanal sauveur (1) et à l'instant où nous devons y entrer, que l'étranger vient nous imposer le tribut d'une double cargaison et qu'on veut placer la France dans la position la plus déplorable, en donnant un écoulement, pour être perdus pour nous, sans retour, aux capitaux de notre commerce et de notre industrie à l'étranger, qui doit se rendre, par ces moyens, maître du crédit et de l'avenir de la France!

Je forme donc le vœu de voir concentrer en France nos emprunts; seul moyen de conserver notre numéraire, de nous libérer à meilleur compte, et de laisser toutes nos ressources industrielles intactes.

Comment ce vœu ne serait-il pas exaucé, puisqu'il rentre dans la grande mesure de prohibition du commerce étranger, qui occupe en ce moment toute la France, et que tout le commerce ne pourrait se couvrir de la perte de 800 millions qui l'appauvriraient, au contraire, de cette même somme.

---

(1) Du réglement des rentes de crédit, plan qui est consigné dans un Ouvrage intitulé : *Nous pouvons et devons faire nos emprunts chez nous et auxiliairement chez l'étranger.*

Le Roi, qui reconnaît les services, est juste avant tout. J'ai pris en bon Français les intérêts de l'État, les miens ne sont qu'une conséquence naturelle de ce que j'ai fait d'utile, et ne touchent pas aux bases du crédit que j'ai posées, et qui ont pour premières assises, mon dévouement pour mon pays, mon expérience et mes moyens; ce qui ne s'était pas encore trouvés.

Auteur du nouveau système, dont nous ressentons les effets, précurseurs de plus grands, sur la place, et dont le Ministre a adopté les bases et remis la propriété, pour son exécution, à une compagnie ; le droit que je me suis réservé, quelque soit les conséquences, moindre pour l'Etat, après y avoir appellé franchement son attention, n'en doit pas moins être remplis (1). Un huitième pour cent pendant cinq ans, pris

(1) L'auteur d'un plan d'utilité publique de cette importance, ne devait pas s'en remettre à l'arbitraire, ou à l'injustice, d'un commis. Il était de sa dignité de placer ceux qui auraient besoin et qui se serviraient de son plan pour leur profit, dans la position de lui devoir une rétribution honorable que lui seul pouvait fixer. Le plan est adopté la clause de l'auteur doit recevoir son exécution ; s'il fut resté dans le néant cette clause aurait eu le même sort.

sur une rentrée au trésor qui offre un profit, en outre des intérêts de 30 à 50 pour cent, par les moyens du nouveau système que j'ai donné; peu importe où on doit en porter l'exécution principale, est en rapport avec ce service, et ne me paraît que très-facile à réaliser.

Si ce sont des traitans qui doivent remplir ce droit, la défense des intérêts de l'État que j'ai du prendre contre eux, ne peut être un obstacle à cette justice; l'amour propre, et d'autres sentimens, produits de suppositions vraies ou erronnées, doivent fléchir devant un aussi grand intérêt. Ainsi une enclume formée de la matière et des ressorts de toutes emsemble, brisera le bras du téméraire qui y portera le marteau.

Je me ferai un devoir, au surplus, de faire connaître les résultats de cette réclamation, que j'adresse publiquement, collectivement et séparément à ceux qui, par leur coopération dans l'emprunt qui doit leur produire beaucoup de millions, auxquels ils ne songeaient même pas il y a six mois, seront dans le cas d'y faire droit.

DE POIX, Rentier.

Paris, ce 11 mars, 1817.

NOTE.

J'ai dit que pour donner un bon système de crédit, qu'il fallait du *dévouement*, de l'*expérience* et *des moyens*. Que ceux qui ont écrit sur la matière s'interrogent, et ils verront qu'il leur manque au moins une de ces conditions.

Ce n'est pas en nous rapportant dans un gros volume tout ce qui a été bien ou mal fait à cet égard qu'on atteindra le but : les moyens de crédit véritable ne doivent pas tenir tant de place, il faut mettre le doigt sur le mal et indiquer le remède seulement.

La dette constituée a besoin d'être gouvernée sans interruption, et le classement de cette dette qui attenue toutes les opérations contraires au crédit, qui empêche l'amortissement d'être continuellement submergé paur l'agiotage dont il est le remède souverain et qui consiste à recevoir et à rendre à volonté tout le comptant et à replacer le trop à terme, à recevoir et replacer à volonté le terme même à une plus longue échéance avec un intérêt moindre que celui que l'effet rapporte, en repoussant l'effet de la place rend vingt fois plus de service que l'amortissement, qui est bon en lui-même, sans absorber à la fin de l'année le moindre capital, et est pour le Gouvernement le thermomètre du crédit.

La dette exigible, abandonnée à elle-même, mais à l'approche des échéances, escomptée avec avantage, offre à l'aide de cette prime un crédit croissant, qui n'est point cependant à l'abri de l'agiotage et des inquiétudes passagères, il faut donc retrancher les obligations et les bons qui composent cette dette de notre crédit.

Les rentes de crédit qui ont l'avantage d'être transplantée par tout sans pouvoir être périmées par des échéances, et sans courir aucune chance de réduction sur le capital, comme des valeurs non consolidées, avec les conséquences que j'y ai attachées, et qu'on peut retrancher, sont les seuls moyens que nous devons et pouvons employer avec succès pour notre crédit, mais à notre profit et non au profit des étrangers.

J'ai donné ces plans au Gouvernement depuis 1808 et le plan des rentes de crédit que les traitans doivent exploiter à leur profit a passé sous les yeux de la commission du budjet du Ministère des finanoes en juillet dernier. Je doute que jamais on puisse remplacer ces plans par de meilleurs et même qu'on puisse rien y ajouter.

FIN.

www.ingramcontent.com/pod-product-compliance
Lightning Source LLC
LaVergne TN
LVHW010319230826
846091LV00009B/3735

* 9 7 8 2 0 1 9 9 3 5 8 9 4 *